MÉMOIRE

SUR UNE QUESTION

DE

GÉOGRAPHIE-PRATIQUE,

Si l'applatiſſement de la terre peut être rendu ſenſible ſur les Cartes, & ſi les Géographes peuvent la négliger, ſans être taxés d'inéxactitude ?

Lu à l'Académie Royale des Sciences en Juillet 1775.

Par M. ROBERT DE VAUGONDY, *Géographe ordinaire du Roi, du feu Roi de Pologne, Duc de Lorraine & de Bar ; de la Société Royale des Sciences & Belles-Lettres de Nancy, & Cenſeur Royal.*

Utilitas, juſti propè mater & æqui.
Horat. Lib. 1. *Sat.* 1.

A PARIS,

Chez { l'Auteur, Quai de l'Horloge, près le Pont-Neuf.
ANTOINE BOUDET, Imprimeur du Roi, rue Saint-Jacques.

M. DCC. LXXV.
Avec Approbation, & Privilége du Roi.

AVERTISSEMENT.

IL existe deux ouvrages, l'un intitulé : *Disser-*
tation sur différens points de géographie ; & l'autre : *Eclaircissemens historiques sur un fait littéraire,*
que je n'ai point lus. Je ne les connois avoir pour
auteur *M. Rizzi-Zannoni,* que par une *Réfuta-*
tion publiée par *M. Bonne, maître de Mathéma-*
tiques, ingénieur-géographe, & imprimée, suivant
le titre, à *PADOUE, chez M. RIXA, à l'enveloppe*
cylindrique, 1775. Ces ouvrages, ou plutôt leur
réfutation, abstraction faite des sarcasmes que leurs
auteurs se sont permis réciproquement, m'ont ex-
cité à étudier & à éclaircir avec attention la matière qui s'y trouve traitée. Je n'ai donc l'avantage
de connoître ces auteurs que par leurs productions,
& sans elles je n'eusse jamais pensé à examiner & à
discuter la question qui fait l'objet du mémoire
que je publie sous l'approbation de l'Académie
Royale des Sciences.

Entre différens ouvrages géographiques de M.
Bonne, on doit remarquer sur-tout la *carte de la*
mer Méditerranée ; celle *du théâtre de la guerre entre*
les Russes, les Polonois, & les Turcs ; & la *Russie,*
en deux petites feuilles. La première, dont il est
question dans ce mémoire, ne présente aucune
nouveauté, si ce n'est qu'elle est la première sur laquelle l'auteur prétend avoir fait sentir l'applatisse-

ment de la terre. Elle paroît avoir été faite avec un très-grand soin pour le giffement & la configuration des côtes ; & l'on croiroit, si elle n'étoit postérieure à la carte d'*Europe* en six feuilles de M. d'Anville, qu'il auroit communiqué ses matériaux & ses conjectures à ce savant géographe , par la ressemblance qui se trouve , pour cette partie , entre ces deux ouvrages par rapport à la détermination des lieux en longitude & en latitude.

Quant à celle du *Théâtre de la guerre entre les Russes*, *les Polonois & les Turcs*, projettée , c'est-à-dire, construite par ce même auteur, l'on y remarque des différences considérables pour ce qui concerne sur-tout les longitudes depuis *Vienne* en Autriche jusqu'à *Cazan* en Russie, & ces différences influent aussi dans sa carte *de Russie*. L'on y voit *Vienne* à 33^d. 15$'$. de longitude, au lieu de 34^d. 2$'$; *Constantinople* à 48^d. 6$'$, au lieu de 46^d. 36$'$; *Asof* à 62^d. 30$'$, au lieu de 59^d. 20$'$. La *mer Noire* s'y trouve avoir près de 5^d. de plus d'étendue en longitude ; ce qui, sous le 43e. parallèle, donne environ 90 lieues de plus qu'on ne croyoit devoir lui assigner. Jusqu'à présent le 70e. méridien coupoit la *mer Caspienne* du nord au sud ; mais sur la *Russie* de M. Bonne, (que M. Delalande cite par préférence à celles qui avoient été publiées antérieurement, & dans laquelle l'auteur s'écarte encore plus que les autres des longitudes de *Gurjew & Orenburg*, indiquées dans le mémoire du *passage de Vénus sur le soleil*, 1762. pag. 18 ;) sur cette

carte, dis-je, c'eſt le 75ᵉ. méridien qui coupe cette
mer. Enfin ſur ſon grand globe d'un pied, & ſur
ſes cartes de l'Hiſtoire politique des Indes, cette
mer, qui paroiſſoit avoir reçu un giſſement conſ-
taté par la carte de Pierre I, & conſervé dans celle
que M. d'Anville a publiée en 1754, ſe trouve
avoir une ſituation oblique du nord-oueſt au ſud-
eſt, & moyenne entre celles de Ptolemée & de
Pierre le Grand.

Ces nouveautés méritoient bien d'être diſcutées
par un mémoire qui auroit contribué à l'hiſtoire
des connoiſſances géographiques. Elles ont dû
faire ſenſation ſur quelques eſprits dans le public,
ſur-tout lorſqu'un auteur avance que des géographes, *non prévenus & munis de connoiſſances mathé-*
matiques ſuffiſantes, recevront unanimement l'applat-
tiſſement de la terre, (pour le faire ſentir dans la
conſtruction des cartes.) Qui ne croiroit en effet
qu'il eſt le ſeul, depuis que l'on a reconnu la ſphéroïdité applatie du globe, qui ait été doué des connoiſſances qu'il éxige avec juſtice dans ceux qui
courent la même carrière ? Le temps qui s'eſt
écoulé depuis que cette *Réfutation* de M. Bonne a
été publiée, ſans en avoir eſſuyé aucune, ne pa-
roîtroit-il pas donner gain de cauſe à ſon auteur ?
Mais il eſt toujours temps, & même c'eſt un devoir que l'on doit s'impoſer, de combattre, avec
toute la décence convénable, des aſſertions fon-
dées ſur des hypothèſes, & dont il ne réſulte autre
choſe que l'impoſſibilité de pouvoir éxécuter ce

qu'elles renferment ; c'est ce que je crois avoir démontré avec la plus grande évidence.

Archimède connoissoit jusqu'à quel point l'on
peut augmenter la force par le secours de la mé-
canique ; aussi je l'admire dans sa demande ; il ne
lui faut qu'un point-d'appui hors de la terre, & il
changera de place ce globe, quelqu'immense qu'il
nous paroisse. Qu'on me donne, dirois-je aussi,
des organes qui puissent me mettre en état de vous
faire sentir dans une carte, de telle grandeur que
soit son échelle, une différence d'un *sept cens soixante & huitième* sur une lieue en plus ou en moins,
c'est-à-dire, d'ajouter à un pouce ou d'en soustraire
la *soixante & quatrième partie* d'une ligne ; & pour-
lors, *muni des connoissances mathématiques suffisan-
tes*, je me ferois un crime de ne pas profiter des
avantages que j'aurois obtenus. Mais vœux inutiles !
L'esprit connoît l'existence & la dimension d'une
quantité infiniment petite ; il conçoit que le diamêtre d'un grain de sable d'une ligne en plus ou en
moins sur la hauteur d'une montagne de *trois cens*
toises, augmente ou diminue cette hauteur de la
deux cens cinquante-neuf mille deux-centième partie ;
son essence est de tout pénétrer, de tout mesurer ;
mais la main se trouve arrêtée par des obstacles
qu'elle ne peut surmonter, faute de moyens de réa-
liser palpablement ce que l'esprit a combiné. Il faut
donc s'en tenir à cette maxime d'Horace :

Est quodam prodire tenùs, si non datur ultrà.
Lib. 1. *Epist.* 1.

EXTRAIT des Regiſtres de l'Académie Royale des Sciences.

Du 23 Août 1775.

NOus avons examiné, par ordre de l'Académie, un mémoire de M. de Vaugondy, sur la queſtion, *ſi l'applatiſſement de la terre peut être rendu ſenſible ſur les cartes, & ſi les géographes peuvent le négliger ſans être taxés d'inexactitude.* M. de Vaugondy obſerve, 1°. que la quantité de cet applatiſſement n'eſt pas exactement connue. Les différens degrés meſurés du méridien donnent des quantités qui différent entr'elles, & qui différent de celle qui eſt déduite de la théorie, la terre ſuppoſée homogène. Cette incertitude ſur l'élément même en rend l'emploi plus difficile.

2°. Il obſerve que, quand on veut tracer ſur une carte les différens degrés du méridien, on ſait ſeulement que ces degrés croiſſent en allant de l'équateur au pole ; mais la loi n'en eſt pas ſuffiſamment fixée. M. Bouguer en a ſuppoſé pluſieurs, & les différences de ces hypothèſes font une nouvelle ſource d'incertitude.

3°. Il obſerve que la petiteſſe de cet élément rend ſes effets inſenſibles ſur les cartes, à moins qu'on ne les faſſe ſur un très-grand point. Il choiſit, pour exemple, une carte qu'il ſuppoſe embraſſer 9°. en latitude depuis le 48ᵉ. juſqu'au 57ᵉ. & 18°. en longitude : en donnant 25 pouces au degré, c'eſt-à-dire, un pouce à la lieue, cette carte aura 18 pieds 9 pouces de haut & 15 pieds 6 pouces de large. La différence des deux hypothèſes de la terre ſphérique ou ſpéroïde accourci donne 3 lignes ½ ſur la latitude, & 2 pouces ſur la longitude, ou 2 lieues ſur 303, c'eſt-à-dire, un $\frac{1}{151}$ d'erreur. Cette erreur eſt moindre dans les poſitions intermédiaires de la carte, mais en ne prenant ici que les poſitions extrêmes l'erreur qui en réſulte eſt de 40″. ſur la latitude, & de 30″. en temps ſur la longitude, cette erreur n'excéde pas celle que les obſervations comportent. Si l'on excepte quelques villes de l'Europe, telles que *Paris*, *Londres*, où il y a des obſervations conſtantes, & des obſervatoires fixes, le plus grand nombre des autres poſitions eſt aſſujetti à une pareille erreur.

Il ne paroît donc pas bien néceſſaire d'employer un élément dont la quantité n'eſt pas entiérement fixée, & dont les effets ne ſurpaſſent point l'erreur des obſervations, ſur-tout ſi l'on conſidére que dans des cartes d'un plus petit point, ces effets de l'applatiſſement de la terre ne ſeront pas ſenſibles au compas.

Telles ſont les réfléxions par leſquelles M. de Vaugondy, jaloux des ſuffrages du public, & ſur-tout de la perfection des cartes géographiques, ſe juſtifie de ne pas employer cet élément. Nous ne pouvons cependant blâmer les géographes qui ſe propoſeront de l'employer. On ne peut exclure une préciſion rigouréuſe à laquelle l'Académie tend ſans ceſſe par ſes travaux ; mais comme dans le cas préſent cette préciſion eſt plus métaphyſique que pratique, comme elle peut être détruite par l'erreur inévitable des obſervations, nous penſons qu'en applaudiſſant aux efforts des géographes qui tenteront de tenir compte de l'applatiſſement de la terre, l'Académie peut continuer à regarder comme bonnes ſes cartes où cet applatiſſement eſt négligé, & nous croyons qu'elle peut accorder ſon ſuffrage & ſon approbation aux réfléxions de M. de Vaugondy. *Signés* DELALANDE, BAILLY, D'ANVILLE.

Je certifie l'extrait ci-deſſus conforme à ſon original & au jugement de l'Académie. A Paris, le 2 Septembre 1775.

GRANDJEAN DE FOUCHY,

Secrétaire perpétuel de l'Académie Royale des Sciences.

MEMOIRE

MÉMOIRE

SUR UNE QUESTION

DE

GÉOGRAPHIE - PRATIQUE.

A différence qui se trouve entre la sphéricité & la sphéroïdité applatie de notre globe peut-elle se faire sentir dans la construction des cartes ; & pourroit-on taxer de négligence ou de prévention un Géographe qui suppose la terre sphérique, & les degrés des méridiens égaux entre eux & à ceux de l'équateur ?

1. Cette question m'a paru d'autant plus intéressante à discuter, que par état je ne dois rien négliger lorsqu'il s'agit de moyens qui peuvent contribuer aux progrès de la géographie. De plus, je me suis trouvé souvent

A

expofé à me l'entendre faire, fur-tout depuis qu'il a paru, en 1765, un écrit *, dans lequel, fans vouloir blâmer les géographes de nos jours , l'auteur préfume que ceux qui leur fuccéderont , *non prévenus & munis de connoiſſances mathématiques fuffifantes , recevront unanimement l'applatiſſement de la terre.* Cet écrit eſt la réfutation d'un ouvrage géographique, dans lequel on traitoit des projections des cartes, fuivant l'applatiſſement de la terre. La lecture de cet écrit fait voir que fon auteur, qui ne faifoit point fa principale occupation de la géographie, eſt un favant géometre, capable par fes calculs d'atteindre à la plus grande perfection poſſible. Mais ne feroit-il pas à craindre que la théorie de ces calculs ne fût indocile dans la pratique, & que la main ne refufât d'exécuter ce que la profondeur du génie a pu faire découvrir ? *L'applatiſſement , dit-il , n'eſt pas confidérable , mais il éxiſte ; fon influence fur les cartes eſt fenfible , j'y ai eu égard dans les miennes ; l'accueil que le public leur a fait , femble prouver qu'il en a été content.* Il s'agit donc de faire voir que, quoique cet *applatiſſement éxiſte*, l'on ne peut démontrer que l'on y *a eu égard*, & qu'en vain voudroit-on s'appuyer fur *l'accueil du public*, qui ne doit naturellement que s'en rapporter aux promeſſes d'un auteur.

2. Je m'empreſſe avec d'autant plus de confiance de foumettre au jugement de la Compagnie les réflexions qui fe déduifent de la queſtion difcutée dans ce mémoire , que je reconnois avec tous les favans de l'Europe l'utilité qu'on doit retirer de la découverte de la figure de notre globe, pour obtenir une plus grande éxactitude dans les obfervations aſtronomiques ; qu'on ne peut fe difpenfer de l'admettre dans les calculs avec

----

* De M. Bonne, maître de Mathématiques.

les autres élémens, tels que les perturbations des planètes, leurs attractions réciproques, l'aberration des
étoiles, &c. Ce feroit en effet fe refufer à l'évidence,
fi l'on prétendoit que, du peu de différence qui fe
trouve entre les deux axes de notre fphéroïde applati,
de telle petite confidération qu'elle puiffe paroître dans
la géographie, elle ne dût pas influer fur le calcul
aftronomique, puifque le diamètre de la terre fert de
mefure pour déterminer fes diftances au foleil, & aux
planètes, & que ce diamètre n'étant point une grandeur conftante, il doit en réfulter des différences dans
les calculs. L'Univers favant reconnoîtra toujours la
gloire que l'Académie a eue de vérifier & de conftater
dans les voyages au cercle polaire & fous l'équateur,
comme dans la mefure géométrique de la France, ce
que d'habiles géomètres & phyficiens, tant de cette
Académie que des pays étrangers avoient prévu par
leurs profondes méditations. Mais qui pourroit s'ima-
giner que cette gloire fût fufceptible de quelque ac-
croiffement *par le defir ardent* que l'auteur de l'écrit   Pag. 28.
auroit *de voir cette gloire qu'elle a fi bien méritée, paffer*
jufques dans la géographie avec le fruit de fes travaux?

   3. Pour procéder avec ordre, je ferai voir que, par
les hypothèfes établies touchant le rapport de l'axe de
la terre avec le diamètre de l'équateur, les différences
qu'on trouve entre les degrés du méridien, quoique
réelles, deviennent, pour ainfi dire, métaphyfiques
dans l'emploi qu'on voudroit en faire pour la conftruction des cartes; que les calculs pour les projections du
fphéroïde, fondés fur des formules très-géométriques,
font en pure perte, & que par conféquent les favans
géographes qui nous ont précédés, n'ont pas moins mé-
rité du public par leurs ouvrages, avant qu'il fût quef-
tion de la figure de la terre, comme ceux qui leur fuc-
cédent ou qui fe fuccéderont ne feront pas plus répré-

henfibles , fi , en reconnoiffant toutefois que la terre eft un fphéroïde applati , ils travaillent comme fi elle étoit fphérique. L'on ne peut contefter la fphéroïdité du globe ; *mais nous fommes indécis non-feulement*, dit M. Bouguer, Mém. 1751 , pag. 70 , *fur le rapport exact des deux axes de la terre , nous difputons fur la nature ou fur le genre des lignes courbes qu'imitent les méridiens ; il n'eft point du tout démontré que ces courbes foient elliptiques.*

4. Mais, fuppofons que le rapport exact des deux axes de la terre foit connu, il ne faut pas moins partir d'un principe certain que l'on peut regarder comme un axiome, favoir, qu'il y a autant de diftance entre la théorie & la pratique, qu'entre l'efprit & la main ; l'un conçoit ce que l'autre qu'il dirige ne peut éxécuter ; celui-ci franchit les efpaces, celle-là fe trouve retenue dans les bornes de la matière. Il eft facile de déterminer par le calcul l'épaiffeur d'une feuille d'or faite avec une once, & qui couvriroit une furface de 146 pieds quarrés ; mais comment pouvoir s'en convaincre mécaniquement ? Quel artifte affez induftrieux pour conftruire un inftrument propre à déterminer cette épaiffeur, & en combien de parties faudroit-il divifer & fubdivifer la douzième partie d'une ligne pour la mefurer , puifqu'il y a telle feuille d'or battu qui n'a pas $\frac{1}{30000}$ de ligne d'épaiffeur. L'on calcule, & l'on trace la courbe que doivent avoir les dents d'une roue de montre , comment l'horloger le plus habile pourra-t-il démontrer qu'il a fu réduire dans un efpace de ⅓ ou ⅛ de ligne cette courbe felon tous fes élémens ?

5. La nature du cercle eft d'avoir tous fes diamètres, & par conféquent fes rayons égaux ; & dans l'ellipfe, qui peut être confidérée comme un cercle allongé, les diamètres ne font égaux que deux à deux ; l'on y diftingue deux axes inégaux, & elle fera d'autant moins différente du cercle , que la différence entre la longueur de

Mém. de l'Acad. des Scienc. 1713. p. 201.

ſes deux axes ſera plus petite. L'uniformité dans le cercle, l'égalité de ſes degrés, les rapports conſtans entre les cordes & le diamètre, tous les rapports de ces élémens ſe trouvent dérangés dans l'ellipſe. Il les faut calculer dans celle-ci, au lieu qu'ils ſe préſentent naturellement dans le cercle.

6. Notre globe étant ſuppoſé ſphérique, il faut que les degrés du méridien ſoient égaux entre eux & aux degrés de l'équateur. Mais la phyſique nous apprend que tout corps, qui a un mouvement de rotation ſur ſon axe, eſt ſujet aux influences de la force centrifuge, & que les parties ſituées vers l'équateur ſont ſollicitées à s'éloigner du centre, plus que celles qui ſont vers les extrêmités de l'axe, ce qui rend ce corps applati vers les poles ou plus relevé ſur l'équateur ; mais quand connoîtra-t-on décidément le rapport de l'axe du globe au diamètre de l'équateur ? Huyghens le faiſoit le 577 à 578, & Newton de 229 à 230. Les meſures du degré du méridien priſes ſous le cercle polaire & ſous l'équateur, & les opérations pour dreſſer la carte de la France, ont fait remarquer que les eſpaces terreſtres, qui répondent en latitude à des degrés égaux dans le ciel, ne ſont point égaux entre eux. Delà cette différence que l'on a reconnue dans les degrés de latitude qui vont en croiſſant depuis l'équateur juſqu'au pole. Il faut convenir cependant que les opérations, faites à même latitude dans différens pays, ont donné des réſultats différens. Le degré meſuré en Hongrie ſous le 45ᵉ. degré 57′, par le P. Lieſganig, a été trouvé de 56881 toiſes, tandis qu'en France il eſt de 57044 ; ce qui donne une différence de 163 toiſes, qui équivaut à 10 ſecondes & environ $\frac{3}{11}$ d'un grand cercle. Au reſte, ce ne ſeroit qu'environ le 350ᵉ. d'un degré, comme de la lieue ; de ſorte que ſi l'on ſuppoſoit la lieue d'un pouce, il en réſulteroit $\frac{1}{29}$ de ligne, de même que $\frac{2}{3}$ de ligne ſur la longueur du degré de 20 pouces.

7. L'on a formé quatre hypothèses touchant la valeur des degrés du méridien, savoir, que les excès de ces degrés les uns sur les autres sont entre eux, 1°. comme les quarrés, 2°. comme les cubes, 3°. comme la puissance 3 & demie, & 4°. enfin comme la puissance 4°. des sinus des latitudes. Il résulte des tables, calculées d'après chacune de ces hypothèses, qu'en supposant 56753 toises pour le premier degré du méridien, 1°. la somme des excès des 90 degrés les uns sur les autres est de 798 toises dans la première hypothèse ; de 871 dans la seconde ; de 910 dans la troisième, & de 951 dans la quatrième.

2°. Que le diamètre de l'équateur est à l'axe du globe dans le rapport de 215 à 214 ; de 194 à 193 ; de 187 à 186 ; & de 181 à 180.

3°. Que l'excès du premier sur le second en toises est de 30464, de 33805, de 35179 & de 36325, ce qui en lieues peut s'évaluer depuis 13 jusqu'à 15 lieues, en supposant 57060 toises pour 25 lieues.

Ces mêmes tables * nous font voir que la plus grande différence d'un degré du méridien au suivant, se trouve de 14 toises depuis le 39°. jusqu'au 54°. degré dans l'hypothèse des quarrés ; de 17 à 18 depuis le 46°. jusqu'au 62°. dans l'hypothèse des cubes ; de 19 à 20 depuis le 51°. jusqu'au 64°. dans l'hypothèse de la puissance $3\frac{1}{2}$; & enfin de 21 à 23 toises dans l'hypothèse de la puissance quatrième depuis le 54°. jusqu'au 63°. degré. Qu'est-ce que 23 toises (car il faut toujours prendre le plus fort excès) ou $\frac{1}{2492}$ sur un degré de 57321 toises dans le sphéroïde plus grand de $\frac{1}{120}$ de lieue de 2853 toises, que dans le globe sphérique ; ce qui fait aussi $\frac{1}{2492}$ par lieue. De

---

* J'ai suivi les tables qui sont dans le Manuel de Trigonométrie-pratique de l'Abbé de la Grive, cité dans l'Astronomie de M. de Lalande.

même que dans le plus grand excès du premier degré
du méridien au 90ᵉ, 951 toifes répondent à un tiers de
lieue de 2853 toifes, & par conféquent à ⅒ de.lieue par
degré.

Je ne puis me difpenfer d'ajouter à ces quatre hypothèfes celle de l'auteur de l'écrit, d'après les données
qui s'y trouvent, pag. ·5, où il indique que *la puiffance
2, 55 de ces finus* (de latitude) *étoit celle qui altéroit le
moins les mefures*, & d'après la valeur de la minute de
l'équateur, qu'il fait (pag. 3, de fon Analyfe de la Méditerranée,) de 952 toifes ¼; d'où j'ai conclu le degré
de ce cercle de 57135 toifes, plus grand que celui de
la fphéricité de 75 toifes, & plus petit de 150 toifes que
celui dans l'hypothèfe quarrée ; de 131 toifes dans l'hypothèfe cubique; de 127 dans l'hypothèfe de la puiffance
3 ½ ; & enfin de 125 dans celle de la puiffance 4ᵉ. J'ai
trouvé auffi pour le degré du 30ᵉ. parallèle 150 toifes
de moins que felon la puiffance 3 ½, de même que celui
du 45ᵉ. de 149 toifes, & la différence entre le degré
de ces deux parallèles la même, à une toife près. Suivant la valeur de 44′ de l'équateur qu'il donne au degré
du 43ᵉ. parallèle, il en réfulte pour le degré du parallèle
à 43ᵈ. 30′. 41501 toifes, quoique felon M. Caffini ce degré
foit déterminé de 41618 toifes, ce qui fait une différence de 117 toifes en moins.

8. Mais fans parler davantage de toutes ces hypothèfes, je m'en tiendrai à celle de la puiffance 3 ½ que
l'on fait être la même chofe que la racine quarrée de
la 7ᵉ. puiffance, & dans laquelle l'axe de la terre eft au
diamètre de l'équateur comme 186 à 187. Les fept
premiers degrés font chacun de 56753 toifes, & croif-
fent jufqu'à donner 57663 toifes pour le 90ᵉ. degré.

Je fais la fomme de ces 90 nombres, & je trouve
5,140,220 toifes. Le produit de 57060 toifes (pour la
valeur du degré, en fuppofant la terre fphérique,) par

90 , donne 5,135,400. La différence de ces deux sommes est 4820 toises, qui, réduites en lieues de 20 pour 57060 toises, donnent une lieue $\frac{3934}{5706}$ ou à peu près $\frac{2}{3}$; d'où il suit que la circonférence elliptique de la terre par ses poles, est d'environ six lieues deux tiers plus grande que la circonférence circulaire , ce qui donneroit $\frac{1}{1080}$ de différence par lieue, laquelle lieue suppofée d'un pouce ou de 144 douzièmes de ligne, il en réfulteroit environ $\frac{1}{23}$ d'un point ou $\frac{1}{90}$ d'une ligne; ou $\frac{2}{15}$ de ligne, fi l'on suppofoit la lieue de douze pouces, & les degrés refpectivement égaux dans les deux hypothèfes.

9, Il ne fera pas moins intéreffant de connoître auffi les rapports qui fe trouvent entre les degrés de plufieurs parallèles dans la même hypothèfe , & ceux des mêmes parallèles dans la fphéricité ; mais il faut être prévenu que la valeur de ces degrés n'est qu'hypotétique & ne fe déduit que de la nature du fphéroïde, & non de mefures prifes fur le terrein; de forte que dans le fphéroïde allongé le degré d'un parallèle quelconque doit être plus petit que dans la fphéricité , de même qu'il doit être plus long dans le fphéroïde applati. Il auroit été très-important de mefurer , comme l'on a fait pour le méridien , quelques degrés de l'équateur & de plufieurs parallèles , pour pouvoir conftater avec plus de précifion la quantite réelle que ces degrès doivent avoir.

Je commence par la différence du degré de l'équateur qui est de 202 toifes, lefquelles donnent environ $\frac{1}{14}$ de lieue d'excès du degré du fphéroïde fur celui dans le fphérique; ou 25 lieues de 20 au degré & à peu près $\frac{2}{7}$ d'une circonférence à l'autre; ou de $\frac{1}{180}$ par lieue fur un degré; ou de $\frac{1}{13}$ de ligne, en fuppofant le degré de 20 pouces , & la lieue d'un pouce. Le degré du 20ᵉ. parallèle vaut 53839 toifes dans le fphé-

roïde,

roïde & 53619 dans le sphérique ; la différence de 220 toises équivaut à $\frac{1}{13}$ de lieue & à la 245e. partie du degré ou à 14 secondes 42‴ sur ce parallèle, ce qui fait aussi $\frac{1}{245}$ par lieue, ou environ $\frac{1}{10}$ de ligne, en supposant la lieue de 144 douzièmes de ligne. Le degré du 60e. parallèle vaut 28772 toises dans le sphéroïde, & 28530 dans le sphérique ; la différence de 242 toises répond à près de $\frac{1}{12}$ de lieue, à 30 secondes, ou à $\frac{1}{117}$ du degré de ce parallèle ou $\frac{1}{9}$ de ligne par lieue.

Prenons encore le 43e. degré 32′ de latitude, dont le degré du parallèle a été trouvé de 41618 toises par M. Cassini de Thury, & qui dans la sphéricité est de 41390. Le premier vaut 14 lieues $\frac{7}{12}$, le second 14 $\frac{6}{12}$; la différence s'évalue à environ $\frac{1}{12}$ de lieue, ce qui fait $\frac{1}{182}$ de ce degré, ou 19″. 46‴. correspondantes à 1″. 18‴. horaires, ou $\frac{1}{13}$ de ligne par lieue, en supposant la lieue d'un pouce. Il ne faut pas moins qu'un pareil point d'échelle pour faire sentir une si petite quantité, qui se réduiroit à $\frac{1}{300}$ de ligne, si le degré étoit d'un pouce.

Si l'on veut encore se convaincre plus naturellement de la différence du degré du 20e. parallèle ci-dessus dans les deux hypothèses, l'on peut supposer pour les mêmes nombres de toises des douzièmes de ligne ; il résultera pour le premier 31 pieds 1 p. 10 lig. $\frac{7}{12}$, & pour le second 31 pieds 0 p. 4 lig. $\frac{3}{12}$, dont la différence sera 1 p. 6 lig. $\frac{4}{12}$, & par conséquent environ $\frac{5}{8}$ de ligne par lieue : de même qu'en prenant des élémens douze fois plus petits pour un degré, cette différence se réduiroit à $\frac{1}{19}$ de ligne par lieue ou à $\frac{1}{228}$ de ligne par lieue ; fraction encore douze fois plus petite, & qui seroit pour un degré de 2 pouces 7 lignes, lequel se trouveroit avoir $\frac{1}{11}$ de ligne de plus que dans la sphéricité ; comme $\frac{1}{19}$ de ligne, si le degré étoit d'un pouce. C'est ainsi qu'en réduisant ces quantités à dés mesures plus analogues, quand on

B

10 MÉMOIRE SUR UNE QUESTION

veut apprécier les difficultés, l'on diminue l'impreſſion que ces mêmes quantités, repréſentées ſous des élémens très-petits, & exprimées par de très-grands nombres, ont coutume de faire d'abord ſur l'imagination.

10. Mais pour rendre ce que je viens de déduire ci-deſſus encore plus ſenſible aux perſonnes qui, n'ayant qu'une petite teinture de géométrie, ſe laiſſent aiſément ſaiſir par le merveilleux, ſuppoſons que l'on veuille conſtruire le chaſſis d'une carte compriſe entre le 48ᵉ. & le 57ᵉ. degré de latitude, & dont le degré ait 25 pouces de longueur pour avoir un pouce par lieue commune de 2282 ½ toiſes, & de 25 au degré dans l'hypothèſe ſphérique ; cela formeroit une carte de 18 pieds 9 pouces de haut, & de plus de 478 pieds quarrés en ſuperficie, ſa largeur étant de 26 pieds 6 pouces. Je tracerois dans le milieu une ligne verticale, que je diviſerois en neuf parties égales, ſi je ſuppoſois la terre ſphérique ; mais comme il faut plus de préciſion, puiſqu'*une erreur, de telle petite quantité qu'elle fût, peut avoir*, dit-on, *des conſéquences fâcheuſes, enſorte qu'il n'eſt point de raiſons ſolides qui puiſſent autoriſer à la négliger*, je ſuivrois la table

Pag. 29.

	Douzièmes de ligne.	Différences.
de 48		
à 49	 3600	
50	. . . . 3601 ⅛	1 ⅛
51	. . . . 3602 ½	1 1/40
52	 3603	1
53	 3604	1
54	. . . . 3605 ¼	1
55	. . . . 3607 1/19	1 64/95
56	. . . . 3608 ½	1
57	. . . . 3609 ⅖	1
	32442	

ci-jointe des degrés de latitudes, fuivant l'hypothèfe de la puiffance 3 & demi des finus de latitudes, en réduifant les 25 pouces du degré à la plus petite efpèce, favoir, en 3600 douzièmes de ligne, dont chacune répond à une feconde, & 144 font une lieue. Prenant donc ces 3600 parties pour l'efpace du 48ᵉ. au 49ᵉ. degré de latitude, je calculerois les quantités proportionnelles qu'il faut affigner aux autres degrés, telles qu'elles fe trouvent dans la table ci-jointe.

Je fais la fomme de ces neuf degrés, qui eft de 32442 douzièmes de ligne, que je compare à celle de 32400 fuivant la fphéricité, & la différence fur 18 pieds 9 p. eft de 42 douzièmes de ligne, ou 3 lignes $\frac{1}{2}$. Or je laiffe à decider fi cette différence, diftribuée fur 9 degrés, qui donne $\frac{7}{18}$ de ligne, & $\frac{1}{64}$ de ligne par lieue, ce qui fait $\frac{1}{768}$ de lieue ; fi, dis-je, cette différence feroit affez importante pour influer fur les diftances dans la hauteur de cette carte, felon les deux hypothèfes. Je fais que cette évaluation n'eft jufte, qu'autant que l'on fuppoferoit égalité de degrés dans le fphéroïde comme dans le fphérique, & que l'on doit comparer degré à degré ; c'eft pourquoi la différence du 53ᵉ. degré, qui eft 4 $\frac{3}{5}$, donne $\frac{1}{783}$ de plus dans le degré du fphéroïde ; de même que la différence du 57ᵉ. eft 9 $\frac{2}{5}$, & donne $\frac{1}{384}$. Qu'eft-ce que $\frac{1}{783}$ & $\frac{1}{384}$ par lieue, laquelle de $\frac{144}{12}$ donne pour celle du premier $\frac{1}{65}$ de ligne, & $\frac{1}{32}$ de ligne pour celle du fecond ? En vain donc l'auteur de l'écrit cité prétendra-t-il *qu'en fuppofant 20 lieues marines dans chaque* Pag. 29. *degré de l'équateur, n'y en eût-il qu'une à fouftraire dans les fix premiers degrés de latitude, on doit la retrancher, & ne point dilater cet arc du méridien* ; puifque fouftraire une lieue de ces 6 premiers degrés, qui valent 120 lieues, ce n'eft que $\frac{1}{120}$; mais il ne s'agit que de $\frac{1}{3}$ de lieue fur 9 degrés ou 180 lieues, ce qui fait $\frac{1}{540}$.

A ce méridien du milieu, je tirerois par ces 9 divifions des perpendiculaires, que je fuppoferois être les développemens des parallèles du fphéroïde, & fur lefquelles je diftribuerois, en partant de ce milieu à droite & à gauche, les parties proportionnelles aux degrés de longitude. D'abord le calcul me préfenteroit pour le degré du 48e. parallèle, 2425 parties, au lieu de 2409, fuivant la fphéricité, ce qui fait une différence de 16 douzièmes de ligne, ou $\frac{1}{9}$ de lieue, qui, diftribué à 16 lieues $\frac{1}{12}$, valeur de ce degré, donne environ $\frac{1}{145}$ de lieue à ajouter dans la fphéricité, ou 24 fecondes par degré.

11. Suppofons encore que j'euffe voulu décrire ces parallèles, non en lignes droites, mais en les confidérant comme le développement d'un cône tronqué, dont la bafe inférieure fût le 48e. parallèle, & la bafe fupérieure le 57e.; que le côté de ce cône tronqué fût, non la corde de l'arc du méridien elliptique ou circulaire de 9 degrés de latitude, mais égal à cet arc rectifié, les degrés de ces deux parallèles reftant toujours dans le même rapport que ci-deffus, j'aurois trouvé pour le côté du cône entier, (en fuppofant 32442 douzièmes de ligne pour cet arc rectifié dans le fphéroïde, & 32400 dans le fphérique) 174716 douzièmes de ligne, ou 101 pieds 1 p. 3 lig. $\frac{8}{11}$ pour le premier, & 173540, ou 100 pieds 5 p. 1 lig. $\frac{8}{12}$ pour le fecond, plus court que le précédent de 1176 douzièmes de ligne, ou 8 pouc. 2 lig. Le rapport de ces deux rayons feroit à peu près de 151 à 150, & la différence de l'angle fur la bafe de ce cône, feroit de 4 minutes, favoir, de 37d. 22'. dans le cône pour le fphéroïde, & de 37d. 18'. dans le cône pour le globe fphérique.

Je conviens que cette différence de 16 douzièmes de ligne, trouvée précédemment dans le Nº. 10. en longitude pour le degré du 48e. parallèle, eft beaucoup plus fenfible que celle en latitude, & qu'étant répétée 18 fois, à caufe des 18 degrés de longitude fur ce 48. pa-

rallèle, elle produiroit 288 douzièmes de ligne, ou 2 pouces fur 303 pouces ; ce qui feroit deux lieues à répandre
fur plus de 303 lieues d'occident en orient , ou $\frac{1}{151}$, c'eft-
à-dire environ $\frac{1}{12}$ de ligne à ajouter par lieue, felon l'hypothèfe du fphéroïde. Mais fi 15 toifes 4 pieds 2 p. 9 lig.
fur terre répondent à une feconde de degré dans les obfervations de latitude , & qu'on ne puifle pas même *ré-*   Pag. 5.
pondre d'une erreur de 4 fecondes (qui valent 62 toifes 4
pieds 11 pouces) *à chaque extrêmité d'un arc du méridien
mefuré fur la terre* * , peut-on à plus forte raifon , ces limites fe reculant *jufqu'à 8 fecondes* , qui valent 125 toifes   Analyfe de la mer
3 pieds 10 pouces; peut-on , dis-je , être à l'abri de pa-   Méd. p. 2.
reille erreur, & même de plus grande , dans la détermination des degrés de longitude , qui ne peut fe faire que
par des obfervations correfpondantes ? La longitude de
Cadix n'a-t-elle pas varié depuis 8ᵈ 27'. jufqu'à 8ᵈ. 34' , ce
qui fait 7'.de différence, qui, vers le 36ᵉ. parallèle, valent
environ 5325 toifes? *Il faut* , comme le remarque M. de
Lalande , *de très-grandes diftances & une très-grande précifion dans la différence des méridiens pour déterminer l'amplitude des arcs parallèles en minutes & en fecondes avec affez
d'exactitude.* La différence de 24 fecondes dans le degré du
48ᵉ. parallèle, trouvée Nᵒ. 10, répond à 1". 36'''. de parties horaires ; ce qui, répété 18 fois pour un arc de 18ᵈ,
donneroit 28". 48''', ou 7'. 12". horaires : erreur qui eft
prefque la même que celle de la longitude de Cadix , citée
ci-deffus. La feconde de degré fur ce 48ᵉ. parallèle vaut

---

* L'Auteur n'ignore pas que , de *l'aveu des plus habiles aftronomes , on*   Mém. de l'Acad.
ne peut répondre d'une obfervation de latitude qu'à 15 ou 20 fecondes , c'eft-   des Scienc. 1733,
à-dire, entre 235 & 314 toifes ; mais il n'auroit pas dû avancer cette affer-   p. 294.
tion , qui ne feroit point favorable à l'emploi de la figure du fphéroïde ,
puifque , comme on l'a vu Nᵒ. 7 , la plus grande différence dans les degrés
eft de 23 toifes, qui ne valent que 1". & 27 à 28'''; de même que celle
des premiers degrés au 48ᵉ , eft de 313 toifes, & du 48ᵉ. au degré fous le
cercle polaire de 359, lefquelles différences ne paffent point 14 & 15".

dans l'hypothèfe fphérique 10 toifes 3 pieds 7 pouces 2 lignes $\frac{2}{5}$ *. —

12. L'exemple de cette carte de 18 pieds 9 pouces pour 9 degrés de latitude fur 26 pieds 6 pouces en longitude, vaut bien la carte générale de l'Europe de 8 pieds de haut, dont il eft fait mention dans l'écrit cité au commencement de ce Mémoire, laquelle doit contenir au moins 37 degrés de latitude depuis le 35e. jufqu'au 72e. parallèle. L'auteur de cet écrit remarque Pag. 16. qu'au moyen d'une *formule générale qui lui appartient* ,

---

* Je ne ferai point difficulté d'inférer ici une remarque que j'ai faite depuis la lecture de mon Mémoire. La diftance d'un lieu à un autre fe prend fur le globe par un arc de grand cercle ; or fi ces lieux fe trouvent prefqu'à la même latitude, la différence entre l'arc du parallèle & celui du grand cercle ou de la circonférence elliptique qui pafle par ces lieux, ne fera pas bien fenfible, fur-tout fi la différence en longitude n'excède pas 5 à 6 degrés. Ainfi je prends la diftance de Paris à *Guibraie* & *Granville* à l'occident, & à *Selz* en Alface à l'orient, qui diffère très-peu de celle de ces lieux à la méridienne de Paris.

Guibraie eft à 48^d. 53' de latitude, & à 2^d. 32'. de longitude ; fa diftance de Paris eft de 95142 toifes, felon les opérations trigonométriques de la carte de France. Le calcul donne 625 toifes $\frac{71}{76}$ pour 1 minute du parallèle, & 37556 toifes pour le degré. La fphéricité donne 37523 ; il réfulte une différence en excès de 33 toifes pour le fphéroïde.

Selz, à même latitude, & dont la longitude orientale eft de 5^d. 47', a pour diftance 217174 toifes, qui donnnent 625 toifes $\frac{299}{347}$ pour une minute, & 37551 toifes pour le degré : la différence en excès fera de 28 toifes.

Granville eft à 48^d. 50'. de latitude, & 3^d. 57'. de longitude. Sa diftance de Paris eft de 148412 toifes ; ce qui donne pour 1 minute 626 $\frac{50}{237}$, & 37573 toifes pour le degré : la différence en excès fur le degré dans la fphéricité eft de 13 toifes.

Ajoutons encore la diftance de *Paris* à *Vienne*, déterminée par M. Caffini, (Mém. 1763, p. 314.) de 531 mille toifes, *telle précifément*, dit-il, *qu'elle réfulteroit de la fuppofition de la terre fphérique*. Vienne eft plus méridionale en latitude que Paris de 39'. La différence en longitude eft 14^d. 2' ; ce qui procure 37844 toifes pour le degré du parallèle moyen, lequel, fuivant la fphéroïdité & l'hypothèfe de la puiffance 3 $\frac{1}{2}$, auroit dû avoir 228 toifes, ou $\frac{1}{166}$ de plus, & auroit donné pour la diftance 534179 toifes.

La différence du degré du parallèle fera donc de $\frac{1}{1138}$, $\frac{1}{1341}$, $\frac{1}{2890}$ & $\frac{1}{166}$ en excès dans le fphéroïde ; ce qui eft encore bien plus difficile à faire fentir que celle qui réfulte de la valeur de ces degrés, fuivant les différentes hypothèfes, déterminées dans le N°. 9, & prifes d'après la table de la puiffance 3 $\frac{1}{2}$.

il réfulte une différence de 159 lignes ou de plus de 13 pouces entre le *rayon du* 70ᵉ. *parallèle trouvé de* 10485 *lignes dans le fphéroïde*, ou de 72 pieds 9 p. 9 lig. *& de* 10326 *lignes* ou de 71 pieds 8 p. 6 lig. dans *l'hypothèfe fphérique*. Il faut convenir que c'eft un bien grand rayon ; mais l'on n'ignore pas les moyens de trouver les points d'une portion de circonférence de cercle , dont le rayon feroit trop grand pour pouvoir être tracée avec le compas à verge. Il fuffit de déterminer trois points , & de fe fervir d'une règle élaftique indiquée dans l'Aftronomie de M. de Lalande, vol. 3. n°. 3885. J'en avois donné la defcription dans mes Inftitutions géographiques, publiées en 1766 , pag. 309, en faifant toutefois remarquer que la courbe procurée par cette règle ne pouvoit pas être circulaire, mais plutôt parabolique , ou peut-être feroit-elle la même courbe que la chaînette, qui eft celle qu'une corde tendue forme par fon propre poids. Quoi qu'il en foit, il ne doit pas y avoir une différence bien confidérable entre cette efpèce quelconque de courbe & la circulaire ; mais enfin quand on veut apporter en tout une précifion, pour ainfi dire , mathématique , l'on ne peut trop faire pour y atteindre ; quoique au refte *l'extrême précifion n'a* , comme le dit l'hiftorien de l'Académie, *prefque d'autre ufage que de contenter l'efprit philofophique.*

Pag. 18.

Hift. de l'Acad. des Scienc. 1713, pag. 66.

13. Appliquons fur cette carte d'Europe de 8 pieds de haut les mêmes opérations que pour le chaffis de la carte propofée N°. 10, & voyons l'effet fenfible que pourroit y faire la difpofition des degrés du méridien, felon le fphéroïde. Comme l'échelle en eft beaucoup plus petite, j'adopte le confeil de l'auteur de l'écrit, *en embraffant à la fois plufieurs degrés* ; ainfi je diftribue les parallèles de 5 en 5 degrés. Je forme donc mon chaffis de huit pieds de haut ; j'y trace au milieu une ligne verticale que je divife en fept parties égales , fuivant la fphéricité. Suppofant

Pag. 15.

les 8 pieds réduits en douziemes de ligne, le nombre 13825 me donneroit 1975 pour chacune de ces parties égales; mais je calcule les autres espaces pour le sphéroïde, dont on voit les résultats dans la table ci-jointe.

de 35		Différences.
à 40 1970		
45 1972	. . .	3
50 1975	. . .	3
55 1979	. . .	3
60 1982	. . .	3
65 1986	. . .	3
70 1988	. . .	3
13853		

La comparaison de la somme 13853 avec celle de 13825, parties supposées dans la sphéricité égales entre elles, fait voir qu'il n'y a que 28 douzièmes de ligne, ou 2 lig. 4 douzièmes d'excès ou de différence, que j'ajoute à la hauteur de la carte, ce qui fait $\frac{1}{496}$ de plus. Ces 28 douzièmes de ligne, distribués à 35 degrés de latitude donneroient $\frac{1}{15}$ de ligne par degré, si ces degrés étoient égaux; mais il est à observer que pour l'espace de 35 à 40, le degré est plus petit dans le sphéroïde de $\frac{1}{12}$ de ligne, comme de $\frac{1}{20}$ de ligne dans l'espace de 40 à 45; dans celui de 45 à 50 la différence est nulle, & elle va en croissant pour le sphéroïde, dans l'espace de 50 à 55 de $\frac{1}{15}$ de ligne par degré; de 55 à 60 de près de $\frac{1}{9}$; de 60 à 65 de presque $\frac{1}{5}$; & enfin dans celui-ci de 65 à 70 de moins de $\frac{1}{4}$ de ligne; ce qui feroit par lieue de 20 au degré $\frac{1}{300}$ & $\frac{1}{400}$ de ligne en moins pour les espaces de 35 à 40, & de 40 à 45; mais en plus de $\frac{1}{300}$, de $\frac{1}{180}$, & de $\frac{1}{100}$, & de $\frac{1}{80}$ de ligne pour les espaces de 50 à 55, de 55 à 60, & de 60 à 65, & de 65 à 70, ou en prenant les proportionnelles en

moins

moins $\frac{1}{171}$ de ligne, & en plus pour les 4 autres espaces $\frac{1}{113}$ de ligne. Quelle *conséquence fâcheuse* peut donc occasionner une si petite différence, si on la néglige? Comment l'auteur de l'écrit a-t-il pu être surpris de trouver *deux lignes sur 5 degrés vers le haut de la carte, quantité* Pag. 16. *qui ne seroit pas*, dit-il, *insensible avec la fausse équerre d'un maçon?* J'ai suivi son calcul, (page 18), & la différence 0,00207 ligne que j'ai trouvée entre 0,53001, (non 0,530015, ce qui est une faute sûrement d'impression), valeur de la minute *n* dans le sphérique, & 0,53208 valeur dans le sphéroïde, cette différence ou $\frac{207}{100000}$ se réduit à $\frac{1}{483}$ de ligne de plus dans le sphéroïde, ce qui, repété 300 fois pour 5 degrés réduits en minutes, donne $\frac{300}{483}$ ou entre $\frac{4}{6}$ & $\frac{4}{7}$ de ligne, au lieu de 2 lignes, ce qui donne près $\frac{1}{8}$ de ligne par degré, & $\frac{1}{160}$ de ligne par lieue. Si l'on compare l'espace du 35e au 40e. degré de 1975 dans le sphérique à celui de 65 à 70 de 1989, l'on trouve presque $\frac{1}{4}$ de ligne par degré sur ce chassis de carte de plus que dans le sphérique; ce qui donneroit $\frac{1}{80}$ de ligne à ajouter par lieue.

Il faut observer que l'auteur dans sa remarque compare le 35e. degré au 70e. dans le sphéroïde seulement; au lieu que son adversaire, sans parler de la différence des degrés dans les deux hypothèses, dit que celle *dans la courbure des méridiens & des parallèles, & dans la position des lieux placés suivant les deux hypothèses, aux mêmes latitudes & longitudes, s'est trouvée tout-à-fait insensible au compas.* Pour la différence de courbure, j'en parle au n°. 14. Quant à la position des lieux, la différence n'est que de $\frac{1}{142}$ en moins dans l'hypothèse sphérique. Mais l'on sait que la propriété de la projection stéréographique est d'agrandir les objets ou leur distance réciproque à mesure qu'ils s'écartent du centre de la projection, dans le sens de la longitude & de latitude. Or, comme cela arrive dans l'hypothèse de la sphéricité, à plus forte raison dans

C

celle du sphéroïde où les degrés augmentent toujours en allant vers le pole, comme on le voit dans la table (pag. 16.), avec des différences qui font, sans erreur sensible, de 2 à 4 douziemes de ligne.

Quant aux degrés de longitude sur les parallèles, j'en mets ici les deux tables comparatives de 5 en 5 en douziè-

	Sphéricité.	Sphéroïdité.		Différence.
35e.	1617	1622	$\frac{1}{2}$	5
40	1513	1516	$\frac{5}{19}$	3
45	1396	1400	$\frac{12}{19}$	4
50	1269	1274	$\frac{4}{19}$	5
55	1132	1137	$\frac{15}{19}$	5
60	987	992	$\frac{7}{19}$	5
65	834	839	$\frac{4}{19}$	5
70	675	679	$\frac{14}{19}$	4

mes de ligne avec leurs différences qui font voir que sur 5 degrés, en prenant la plus forte, telle que pour le 35^e $\frac{1}{114}$, pour le 50^e $\frac{1}{250}$, pour le 55^e $\frac{1}{227}$, pour le 60^e $\frac{1}{198}$, & pour le 65^e $\frac{1}{168}$; quand ce calcul, au lieu de n'être fondé que sur une hypothèse, seroit exactement certain, il n'en résulteroit pas un défaut de précision qu'on pût aisément estimer. Je suis même persuadé que deux cartes d'Europe de même grandeur, construites sur les deux hypothèses, la même ouverture de compas serviroit à mesurer la distance de deux lieux proposés, sans s'appercevoir de la moindre différence. En effet, puisque ces différences ne pourroient se trouver dans le sens de la latitude que de $\frac{1}{233}$, & qu'elles doivent être proportionnelles sur la valeur du degré, & même sur la lieue; cette lieue estimée de $\frac{20}{12}$ de ligne, il faudroit y avoir égard en plus ou en moins de ce $\frac{1}{233}$, ce qui donneroit $\frac{1}{141}$ de ligne.

Il en fera de même dans le fens de la longitude, fi l'on veut fur le 50ᵉ. parallèle, dont la différence eft de $\frac{5}{12}$ de ligne, ou le $\frac{1}{255}$ pour 5 degrés en plus dans le fphéroï-dité par rapport à la fphéricité. La lieue fuppofée tou-jours de $\frac{20}{11}$ de ligne, qu'en fera donc la 255ᵉ. partie, finon $\frac{1}{255}$ de ligne en plus ou en moins fur la lieue ?

14. Ne pourroit-on pas juger, par ce qu'il vient d'être démontré, du peu d'égard que doit mériter cette diffé-rence de 159 lignes, Nᵒ. 12, fur la longueur du rayon projetté du 70ᵉ. parallèle, au fujet de laquelle l'auteur de l'écrit demande, *fi la diverfité de courbure dans les deux hypothèfes eft tout-à-fait infenfible au compas* ? Il s'agit ici de l'expérience. Suppofons les deux arcs tracés avec les deux rayons de 10485 & 10326 lignes, fe touchant en un point, & dont l'excentricité foit de 159 lignes. Sur le rayon commun & au point de contingence, élevons-y une perpendiculaire, fur laquelle nous porterons 375 $\frac{1}{6}$ & 375 ligne $\frac{1}{12}$, valeurs des deux tangentes, dont la dif-férence eft $\frac{1}{12}$ de ligne. A l'extrêmité de chacune de ces tangentes, tirons une ligne parallèle au rayon, & por-tons-y 7 lignes $\frac{2}{3}$ & 7 lignes pour le finus verfe du petit & du grand arc. Cette différence $\frac{2}{3}$ de ligne indique le plus grand écart poffible entre ces deux arcs. Si l'on traçoit la corde de chaque arc, elles renfermeroient un efpace angulaire pour les différens écarts duquel, en diftribuant la longueur en 25 parties égales, chacune auroit une fraction de la ligne divifée en 75 parties, & dont les numérateurs formeroient une progreffion arith-métique depuis 2 jufqu'à 50 ; ces écarts étant bien petits, le feront pour le moins autant dans la longueur de l'angle curviligne. Deux arcs de 2 pieds 7 pouces 2 lignes d'amplitude fe touchent à une de leurs extrêmités, & s'écartent à l'autre de $\frac{2}{3}$ de ligne : où eft donc cette fenfibilité dans la différence de courbure ? Au refte, comme cet auteur exige toujours de la précifion, il

Pag. 18,

C ij

auroit dû remarquer que dans la projection d'un sphéroïde quelconque, hormis le plan de l'équateur sur lequel les parallèles se projettent en cercles, ils doivent
se projetter en ellipses, comme il est démontré dans la note
du N°. 21, sur tout autre plan perpendiculaire ou oblique à l'équateur.

15. Il ne sera peut-être pas inutile d'étudier à apprécier l'influence que peut occasionner dans la projection
cette différence en excès de 13 pouces $\frac{1}{4}$, ou 159 lignes
du rayon de 10485 lignes, selon le sphéroïde, au rayon de
10326 suivant la sphéricité du globe, puisqu'elle est environ la 66ᵉ. partie du premier. L'on ne doit pas toujours
considérer un nombre seulement pour lui-même, mais
par rapport à la grandeur dont il peut dépendre. Rien
n'approche plus d'un cercle qu'une ellipse, dont les
deux axes seroient de 12001 & de 12000 lignes. Dans
le cercle, les deux foyers ne feroient qu'un point; & dans
l'ellipse, la distance s'y trouve de 77 lignes ou 6 pouces 5 lignes, quoique la différence entre le plus grand
& le plus petit rayon de courbure ne soit que de 3 lignes.
Pourquoi donc tant se frapper de *cette diversité de courbure* ? il faut en rechercher l'influence.

J'ai cherché la valeur du degré dans chacune de ces
courbes supposées circulaires, tracées par ces deux rayons,
& j'ai trouvé que le degré du premier contenoit 183 lig.
$\frac{5}{71}$, & celui du second 180 lignes $\frac{20}{71}$; ce qui donne deux
lignes $\frac{12}{14}$ de différence. Mais au lieu d'un degré de chacune de ces valeurs, il ne s'agit que d'un espace que
nous pouvons estimer de 10 lignes pour un degré projetté
du 75ᵉ. parallèle ; ainsi supposons qu'il faille distribuer sur
ce parallèle 75 degrés de longitude, & que ces degrés
soient égaux entre eux, (ce qui n'est pas à cause de la
projection) il résultera qu'en supposant 750 lignes pour
ce arc décrit par le grand rayon de 10485 lignes, celui
que l'on décriroit avec le petit rayon de 10326 lignes,

feroit de 739 lignes ; ce qui feroit 11 lignes de différence pour 75 degrés. Cette différence, diftribuée de 5 en 5 degrés, donneroit $\frac{11}{15}$ de ligne, comme elle donneroit $\frac{11}{75}$ de ligne de degré en degré. Mais ce rayon de courbure, qui dans l'hypothèfe fphérique eft une grandeur conf-tante pour un parallèle, ne l'eft point, ou ne doit pas être confidérée comme telle, dans l'hypothèfe du fphé-roïde, puifqu'il eft égal au cube du demi-diamêtre con-jugué, divifé par le produit des deux demi-axes ; ou que ces rayons font entre eux comme les cubes des demi-dia-mêtres conjugués. L'agrandiffement des degrés de lon-gitude fur ce parallèle, en partant du méridien du mi-lieu, ne doit pas dans la projeçtion obferver la même proportion dans l'une & l'autre hypothèfe. Il réfulteroit toujours des différences qui pourroient s'exprimer par nombres, & qui feroient des quantités réelles & exiftan-tes, mais impalpables. Au refte, il s'agit de tracer ce parallèle, qui a 72 pieds 9 pouces 9 lignes de rayon dans le fphéroïde, ou de 13 pouces 3 lignes de moins dans la fphéricité, & déterminer la corde qui foutend cet arc de 75 degrés, de même que les ordonnées cor-refpondantes, pour joindre leurs extrêmités par le petites lignes qui compofent cet arc elliptique ou circulaire.

16. Mais à quoi bon d'employer pour des cartes par-ticulieres la projeçtion ftéréographique ? le géographe ne doit l'admettre que pour les mappe-mondes, qui donnent l'enfemble de toutes les parties de la furface de notre globe. Il eft impoffible d'y appliquer d'échelles commu-nes, telles qu'on les emploie dans les développemens pareils à celui de la carte de 18 pieds 9 pouc. de haut, N°. 10 ; car les efpaces des objets, vus d'un point quel-conque, & projettés ftéréographiquement, fe dilatent, comme je l'ai fait obferver N°. 13, à mefure qu'ils s'é-cartent du rayon vifuel central, qui tombe perpendicu-lairement fur le milieu de la furface que l'on veut pro-

jetter. Ainſi il doit arriver le même défaut dans la carte de l'Europe, citée N°. 12, dans laquelle les degrés du méridien du milieu, ſuppoſés égaux dans la ſphéricité, s'agrandiſſent également au-deſſus & au-deſſous du parallèle moyen, qui coupe le méridien du milieu au point qui eſt le zénith de l'horizon ; d'où il s'enſuit que dans le ſphéroïde, ces degrés, qui croiſſent toujours dans le ſens de la latitude, ceux qui feront au-deſſus de ce parallèle moyen s'agrandiront plus à proportion que ceux qui feront au-deſſous.

17. Il eſt donc évident que le développement d'une portion quelconque de la ſurface de notre globe eſt ſuſceptible d'une plus grande préciſion, comme je l'ai fait voir dans la conſtruction du chaſſis, N°. 10 , puiſque les parallèles peuvent être circulaires ou rectilignes, garder entre eux les diſtances requiſes ſelon la ſphéricité ou la ſphéroïdité du globe, & que l'on peut diſtribuer dans l'une & l'autre hypothèſe ſur chacun des parallèles les degrés de longitude ſuivant leur propre valeur. L'on pourroit même, ſi l'on portoit l'éxactitude juſqu'à dreſſer la carte ſur le cuivre, calculer le rétréciſſement du papier, qui ſèche après être ſorti de la preſſe, rétréciſſement que l'on a remarqué être de $\frac{1}{72}$ dans ſa longueur, pour forcer d'autant dans le ſens des longitudes les valeurs proportionnelles que l'on devroit ajouter à celle des degrés. J'ai calculé que ce rétréciſſement (s'il n'étoit point variable) ſur la feuille de grand aigle, qui a environ 3 pieds de longueur, donne $\frac{1}{4}$ de ligne par pouce. Il ne ſuffit pas encore d'avoir calculé les rayons des parallèles , il faut de plus déterminer les points par leſquels doivent paſſer les méridiens pour les traces en courbes ellyptiques.

18. D'après ces obſervations, faudroit-il donc imputer à nos géographes de l'indifférence pour l'applatiſſement, *ment, parce qu'ils n'en ont pas tenu aucun compte juſqu'à*

ce jour dans leurs cartes ? Comment peut-on avancer qu'entre les différentes études du géographe, celle des projections, qui est une des plus faciles pour ceux qui ont les connoissances mathématiques nécessaires, soit la plus négligée, & que c'est-là vraisemblablement une des raisons qui ont jusqu'ici éloigné les géographes d'avoir égard à l'applatissement de la terre ?

Pag. 27.

Qui sait projetter un corps sphérique, n'hésitera point à projetter un sphéroïde quelconque, si la précision l'éxige. L'on n'a jamais reproché à Guillaume Delisle de n'avoir pas apporté assez d'éxactitude dans ses ouvrages, & d'ignorer les regles des projections, quoiqu'il n'en ait point fait usage dans son hémisphère du monde ancien. Il a divisé l'équateur & le méridien du milieu en parties égales ; les méridiens y sont tracés par des portions de circonférences de cercle qui passent par les deux poles, & par ces divisions de l'équateur, de même que les parallèles passent par les divisions égales du méridien du milieu, & par les degrés correspondans du cercle qui termine cet hémisphère. Le savant géographe, qui remplit actuellement dans cette Académie une place que ses talens & ses lumières lui avoient méritée depuis long-temps, aura sans doute trop bien connu le prix du temps pour avoir voulu employer le calcul qu'auroit éxigé le système qu'il a adopté de la terre allongée par ses poles ; système *selon lequel il ne s'agit pas moins*, dit son auteur, *que d'ôter trois cens lieues marines, & peut-être plus à la circonférence de la terre sur l'équateur, ce qui n'est point indiqué autrement que par la géographie & par la mesure positive des espaces de longitude sur différens parallèles.* Ce sphéroïde allongé se trouve exprimé sur sa mappemonde en deux hémisphères publiés en 1761, sous le rapport du diamêtre de l'équateur à l'axe de la terre, autant que j'en ai pu juger, de 264 à 270, ou de 44 à 45. Ces hémisphères auroient pu être représentés sous la forme d'une ellipfe, dont la diftance des deux foyers auroit été de 4 pouces 8 lignes, au lieu d'être renfermés chacun dans deux fegmens de cercle, dont la fleche, fur la corde qui leur eft commune & qui fert de méridien du milieu, eft plus courte que cette demi-corde ou demi-axe dans le rapport indiqué ci-deffus.

19. Mais, dira-t-on, c'eft dans la conftruction des cartes marines que la fphéroïdité de la terre fe fait plus reffentir. Cela eft vrai dans le calcul, & l'on eft bien à plaindre que la main ne puiffe pas fe prêter pour l'exprimer affez fenfiblement avec la regle & le compas. La preuve s'en tirera de *la carte de la mer méditerranée* d'une feuille, publiée en 1763, & dans laquelle l'auteur *fait entrer pour la première fois cet applatiffement* de la terre.

Je prends fur les latitudes croiffantes de cette carte avec un compas à verge l'efpace renfermé entre le 30e. & le 45e. degré de latitude ; je le porte fur la graduation des longitudes, de laquelle il remplit l'efpace de 19 degrés de l'équateur, qui valent 1140 minutes, quoique la table inférée dans le mémoire de l'auteur, fuivant le fphéroïde, indique 1135 minutes $\frac{9}{10}$, qui valent 18^d. 55′.54″, ce qui fait une erreur en excès de 4′. 6″. ou de 3899 toifes. Suivant le calcul dans la fphéricité, il auroit donné 1144 minutes, ce qui feroit 9′. 54″. de différence en excès fur la totalité, d'après le calcul du fphéroïde, ou $\frac{1}{114}$ par degrés & par lieues. Suppofant le degré de l'équateur de 20 pouces ou de 2880 douzièmes de ligne, la carte auroit, felon l'hypothèfe fphérique, 129600 douzièmes de ligné ou 75 pieds de long, & felon l'hypothèfe du fphéroïde, 128743 douzièmes ou 74 pieds 6 pouces 7 douzièmes de ligne. La différence eft de 857 douzièmes de ligne, ou de 5 pouces 11 lig. $\frac{1}{11}$. Ces 857 douzièmes de ligne, diftribués à 45 degrés, font $\frac{19}{11}$ de ligne, lefquels diftribués encore à 20 lieues, donnent $\frac{1}{11}$ de ligne. Le degré de longitude fur la carte de l'auteur vaut 6 lignes

gnes

Analyfe de la carte, p. 3.

gnes $\frac{1}{3}$, ou 76 douziemes de ligne. La différence par degré feroit de $\frac{1}{24}$ de ligne, & par conféquent de $\frac{1}{480}$ de ligne par lieue. A quoi donc fe réduit l'erreur ? Il ne s'agit point ici de *retrancher témérairement* 200 toifes, ou d'*ajouter audacieufement* 320 toifes ; ces erreurs monftrueufes en plus ou en moins, diminuent confidérablement quand on les rapporte aux minutes ou aux fecondes de degré; les premieres donnent en moins $\frac{1}{185}$ par degré, comme les fecondes donnent en plus $\frac{1}{178}$. Qui pourra jamais s'appercevoir d'une *diminution* ou d'une *augmentation de 37 toifes*, qui valent $\frac{1}{1742}$ d'un degré, & $\frac{1}{129}$ de ligne par lieue de 12 lignes ? *Voudroit-on*, dit l'auteur, pag. 6. en citant M. Murdoch, *naviger fur une carte dont la longueur auroit peut-être un pouce de trop, proportionnellement à fa largeur ?* Mais quelle eft cette carte qui auroit *peut-être un pouce de trop ?* Elle n'éxigeroit pas moins qu'une longueur de 12 pieds 11 pouces, qui procureroit $\frac{1}{18}$ de ligne en excès par degré, & par conféquent $\frac{1}{72}$ de ligne par lieue. A quoi donc peuvent fe réduire *les erreurs*, auxquelles les projeétions de nos cartes font fujettes ? Quelles font donc *les bornes les plus étroites* dans lefquelles nous devons toujours les *refferrer ?* Il ne faut pas moins que forcer des modèles de cartes, tels que de 2880 & de 493 douzièmes de ligne au degré, pour trouver dans le degré du premier $\frac{12}{13}$ de ligne de différence, & $\frac{1}{12}$ de ligne par lieue, comme dans le fecond $\frac{1}{18}$ de ligne par degré, & $\frac{1}{72}$ de ligne par lieue. Il eft conftant que tel petit que foit le point d'une carte, il doit éxifter des différences fufceptibles d'être exprimées en nombres ; mais pourra·t-on les faire fentir au compas ? L'on peut calculer *les angles que le méridien forme avec la route qu'on doit tenir en mer fur le fphéroïde & fur la fphère ; cette inégalité des degrés*, dit-on, *ne tireroit pas tant à conféquence*, quoique *ces angles font de différentes valeurs.* Mais comment & pourquoi *peut-il y avoir une grande différence tant entre le chemin du vaiffeau*

Pag. 22. de l'écrit cité.

Analyfe, pag. 16

Pag. 29.

D

qui fait voile fur la fphère, & celui qui navigue fur le fphé-
roïde, que dans le rumb en ligne droite entre l'un & l'autre
de ces lieux ? Ce feroit à l'auteur à le faire fentir, non à
l'efprit, mais aux yeux, par le fecours du compas ; puifqu'il *ne s'agit dans les deux hypothèfes que d'exprimer par*
lignes un rapport donné par nombres.

Page 23.

20. Je m'abftiendrai d'entrer dans l'éxamen des ouvrages géographiques, où l'auteur auroit pu faire fentir plus facilement que dans fa carte de la Méditerranée
l'applatiffement de la terre ; mon intention n'eft point de
critiquer, & ce feroit m'écarter du fujet que je me fuis
propofé ; je ne cherche qu'à m'éclairer. Un autre objet
qui m'y fait rentrer, & qui m'a paru plus intéreffant,
va terminer ce mémoire. C'eft un effai de projection
du fphéroïde pour lequel je conferve toujours le rapport
des deux axes de l'ellipfe qui le coupe par les poles de
187 à 186, ou de 6561741 à 6526562 en toifes, la différence qui fe trouve entre ces deux axes étant de 35179.
équivaut à peu près à 15 lieues ½ de 25 au degré de moins
fur l'axe qui paffe par les poles.

Il fera aifé de juger qu'il n'y a point dans la projection du fphéroïde de difficultés capables de détourner
le géographe d'en faire ufage, puifque tout peut s'y
ramener aux connoiffances de la géométrie ordinaire,
mais que ce n'eft que le peu de différence des deux axes
qui lui aura paru ne point mériter la peine de confumer
un temps confidérable à compofer des calculs dont les
réfultats font infenfibles dans l'emploi qu'il voudroit en
faire.

21. Suppofant donc l'ellipfe régulière, & ayant calculé la diftance des deux foyers, je la trouve de 19
lignes en prenant le rapport de 187 à 186 pour des
lignes, & l'ayant même réduit en douzièmes de ligne.
Je fuppofe encore que l'on ait à tracer cet ellipfe pour
un globe de 6 pieds de diamêtre réduits en lignes, felon

le même rapport, c'eſt-à-dire, de 864 à 859, la diſtance du centre aux foyers ſe trouvera de 3 pouces 10 lignes, ce qui fait à peu près la 19ᵉ. partie du grand axe. Il ne s'agit que de déterminer tous les points de cette ellipſe dont la révolution ſur le petit axe donne la figure du ſphéroïde. Il n'y aura point de difficulté pour trouver les analogies qui entrent dans la projection de ce globe, ſoit ſur le plan de l'équateur, ſoit ſur celui d'un méridien; mais il n'en ſera pas de même pour un horizon quelconque.

1°. Les rayons des parallèles que l'on connoît par le moyen de la valeur de leurs degrés, ſe projetteront ſur l'équateur, l'œil étant placé à un des poles, en diſant : *la grande abciſe* $2b - x$ *du petit axe*, ou *la ſomme* $b + x$ *du petit demi-axe & de la diſtance du parallèle à l'équateur, eſt au petit demi-axe* b, *comme le rayon* y *du parallèle à projetter eſt à un quatrième terme, qui eſt le rayon projetté* ; c'eſt-à-dire $b + x : b :: y : \dfrac{by}{b+x}$. Les méridiens ſe projetteront par les rayons mêmes de l'équateur, qui en ſont les communes ſections. Cette diſtance du parallèle à l'équateur, qui dans la ſphéricité eſt le ſinus de la latitude, devient dans le ſphéroïde applati une ordonnée au grand axe ou diamêtre de l'équateur, & ſe détermine en diſant : *le quarré du grand demi-axe* a *eſt au quarré du petit demi-axe* b, *comme le produit des deux abciſes du grand axe* $\overline{a+y} \times \overline{a-y}$ *eſt au quarré de cette ordonnée*; ou $a^2 : b^2 :: a^2 - y^2 : \dfrac{a^2 b^2 - b^2 y^2}{a^2} = b^2 - \dfrac{b^2 y^2}{a^2}$. La valeur de cette ordonnée ſera la racine quarrée de ce 4ᵉ. terme $= \sqrt{\dfrac{b^2 - b^2 y^2}{a^2}}$.

2°. Pour le globe coupé par le méridien elliptique, l'œil étant dans le grand axe qui eſt dans le plan & le diamêtre de l'équateur, les diſtances projettées des paral-

lèles à l'équateur fur le méridien du milieu, fe détermi-
neront en difant : *la grande abcife* ou *la fomme du grand
demi-axe & du rayon du parallèle* (a + y), *eft à la diftance
de ce parallèle au grand axe* , (laquelle diftance devient
ordonnée ζ à ce grand axe) *comme le grand demi-axe* a *eft
à un quatrieme terme* , qui feroit $\dfrac{a\,ζ}{a+y}$, diftance requife
entre le centre de l'hémifphère & ce parallèle à projetter. Mais comme ces parallèles doivent fe projetter par
des portions d'ellipfes *, il s'agit d'en trouver les axes :
en difant, *la différence* (a — y) *du grand demi-axe au rayon* (y)
du parallèle, eft à la diftance (z) $= \sqrt{b^2 - \dfrac{b^2\,y^2}{a^2}}$ *de ce parallèle
à ce grand axe, comme ce grand demi-axe* (a) *eft à un* 4^c.
terme $\dfrac{a\,z}{a-y}$; duquel, ôtant la diftance $\dfrac{a\,ζ}{a+y}$, trouvée ci-
deffus, du centre au parallèle, le refte $\dfrac{2\,a\,y\,ζ}{a^2-y^2}$ fera le petit axe de l'ellipfe qui projette ce parallèle. Suppofons
cette quantité $\dfrac{2\,a\,y\,ζ}{a^2-y^2} = 2\beta$; l'on aura le grand axe, en difant, *le produit des* 2 *abcifes du petit axe de cette ellipfe*, (la pe-
tite abcife eft $\dfrac{y\,ζ}{a+y}$, que je fais égale à χ) $\overline{2\beta-\chi}\times\chi$, ou

---

* La feƈtion par l'axe du cône de rayons vifuels d'un parallèle, eft com-
pofée 1°. d'un rayon vifuel A C, (ces lettres ne fervent qu'à fixer l'imagination) qui eft la corde du méridien elliptique compris entre le parallèle & l'équateur ; 2°. d'un fecond rayon vifuel A B, qui aboutit à l'autre
extrêmité du diametre de ce parallèle, dont le cercle fait la bafe du cône ;
ce qui donne un triangle par l'axe indiqué A C B.
Le rayon vifuel A B coupe l'axe du globe en un point E, & l'autre
rayon A C prolongé rencontre cet axe prolongé en un point F ; le triangle par l'axe feroit A E F. Si ce cône étoit coupé anti-parallélement par
le plan du méridien, l'on auroit A C : B C :: A E : E F ; mais en ap-
pliquant les quantités analytiques, l'on ne trouve point d'égalité entre le
produit des extrêmes & le produit des moyens : donc le parallèle, qui eft
un cercle, doit fe projetter en ellipfe.

$2\beta\chi - \chi^2$ *est au quarré* y y *de son ordonnée*, qui est le rayon du parallèle, *comme le quarré* β^2 *du petit demi-axe de cette ellipse*, *est au quarré du grand demi-axe* $\dfrac{\beta^2 \, y^2}{2\beta\chi - \chi^2}$, dont là racine quarrée sera le grand demi-axe.

3°. Les méridiens du globe, qui de leur nature sont elliptiques, ne pourront être projettés que par des portions d'ellipses dont les grands axes seront dans le plan de l'équateur, & dont l'axe du globe sera pour chacune une double ordonnée commune ; ainsi il s'agit de trouver leur demi grand axe, en difant : 1°. *La somme du grand demi-axe du sphéroïde*, ou rayon de l'équateur, & *du sinus de l'angle fait par le méridien à projetter & le plan de projection*, *est au co-sinus de cet angle*, *comme le grand demi-axe du sphéroïde est à un quatrième terme*, qui donne la distance du centre de l'hémisphère au point projetté du méridien, par lequel & par les deux poles il faut faire passer une portion d'ellipse, dont cette distance fait partie de son grand axe. 2°. Pour trouver l'autre partie de ce grand axe, il faut dire : *la différence du grand demi-axe* ou *rayon de l'équateur au sinus de l'angle que le méridien à projetter fait avec le plan de projection*, ou bien *le co-sinus verse de cet angle est au co-sinus de cet angle*, *comme ce grand demi-axe ou rayon de l'équateur est à un quatrième terme*, qui, ajouté à la partie trouvée ci-deffus, donne le grand axe de l'ellipse à tracer.

24. Quant à la projection du globe pour un horizon quelconque, il est à remarquer que le principal rayon visuel qui joint le zénith & le nadir en paffant par le centre du globe, seroit incliné au plan de projection parallèle à l'horizon. Les rayons visuels qui projetteroient les parallèles formeroient auffi des cônes qui étant tous coupés par le plan de projection obliquement & non anti-parallèlement à leurs bafes, procureroient pour les fections de ces cônes des ellipses dont les grands axes

feroient perpendiculaires au méridien du milieu de l'hémifphère, & les petits axes fe trouveroient fur ce méridien même, ou fur l'axe prolongé du globe. D'où l'on
voit que la remarque faite au fujet de la projection de
la carte d'Europe, citée N°. 12, eft fondée, favoir, que
le 70 parallèle, comme les autres, ne doit pas être circulaire dans le fphéroïde comme dans le globe fphérique, mais elliptique, & que le rayon indiqué de 10485
lignes ne pourroit être que la diftance du centre de cette
ellipfe au point du parallèle projetté fur le méridien ou
le petit demi-axe, le grand demi-axe devant être dans
le plan de l'horizon & perpendiculaire à ce méridien.

Mais ce rayon ne feroit-il pas plutôt le rayon de courbure, qui pour-lors feroit le plus grand de tous; celui
qui répondroit à l'arc qui paffe par le grand axe étant
le plus petit; puifque N°. 15. pour le petit axe b, $r =$
$\frac{a^2}{b}$, & pour le grand axe a, $r = \frac{b^2}{a}$, limites des rayons de
courbure dans l'ellipfe? Je fais cette obfervation, parcé
que l'auteur (pag. 16.) dit que *les rayons de courbure font
bien différens* dans le fphéroïde, *de ce qu'ils feroient en fuppofant* la terre *fphérique*. J'ai trouvé que pour une ellipfe
dont les axes font dans le rapport de 186 à 187, le rayon
de courbure pour le petit axe eft de $94\frac{1}{4}$, & pour le
grand axe de $92\frac{3}{4}$. La différence $1\frac{3}{4}$ eft la fomme des
excès de ces rayons, qui font croître les degrés du quart
de l'ellipfe dans le rapport de leur longueur.

Pour tracer l'arc elliptique qui projette un parallèle,
il faut déterminer le grand axe de cette ellipfe; or l'on
connoît le petit demi-axe, l'abcife, & l'ordonnée au petit axe ou la moitié de la corde qui doit foutendre l'arc
elliptique; ainfi l'on dira : *le produit des deux abcifes du
petit axe eft au quarré de cette ordonnée*, ou demi-corde de
l'arc à projetter, comme *le quarré du petit demi-axe de l'ellipfe, eft au quarré du grand demi-axe*, dont la racine donnera

la longueur , & lequel divisé par le petit demi-axe donnera le rayon de courbure du petit axe, qui coupe le méridien du milieu de la carte.

25. Il n'y a que les situations sous l'équateur & sous les
poles , dans lesquelles la ligne qui , joignant le zénith
& le nadir , passe par le centre , seroit perpendiculaire
à l'horizon. Dans toute autre situation , quoique tout
diamêtre coupe une ellipse en deux parties égales , la
partie du méridien ou de la demi-ellipse, comprise entre
l'horizon & le zénith en passant par le pole est plus grande
que l'autre partie comprise entre le zénith & l'horizon ; la
verticale qui tombe du zénith sur le diamêtre de l'horizon
se trouve éloignée du centre d'un côté , de même que la
verticale du nadir s'en trouve autant éloignée de l'autre
côté ; d'où l'on voit que l'axe de l'horizon qui passe par
le centre du globe est oblique à l'horizon même , &
devient un diamêtre de cette ellipse , comme la section
de l'horizon & du méridien devient son diamêtre con-
jugué. Cette verticale est plus grande ou plus petite autant qu'elle s'approche de l'équateur , ou qu'elle s'en
éloigne , de sorte que le petit demi-axe du globe & le
rayon de l'équateur sont ses limites. Il ne seroit point difficile de déterminer la distance de cette verticale à l'axe
oblique , puisqu'elle forme le côté d'un triangle rectan-
gle dont l'hypothénuse est le demi-axe oblique , & l'autre côté est la verticale même. L'angle formé au centre par ce diamêtre oblique est le supplément de celui
que la tangente fait au point du zénith ou du nadir avec
cet axe oblique. Toutes ces lignes & tous ces angles se
connoissent par la nature de l'ellipse dont les axes sont
déterminés , & par la valeur des diamêtres des parallèles
à l'équateur.

26. Je ne m'étendrai pas davantage sur ce que pourroit éxiger une matière qu'il me suffit d'avoir indiquée.
Il ne faut que réfléchir sur les calculs qu'éxige la pro-

jection sphérique, dans laquelle cependant il règne une proportion constante entre les objets à projetter & les espaces qu'ils doivent occuper dans la projection, pour être convaincu des difficultés qui se rencontrent dans la projection d'un sphéroïde pour un horizon particulier où cette proportion, quoique toujours éxistante, ne peut se déterminer que par des moyens laborieux. Il ne doit être question de formule générale qu'autant qu'elle se déduit de la nature du sphéroïde, comme les formules que l'on tire de la sphéricité. De plus, il n'y a point de difficulté à trouver ces formules quelconques ; mais tout le travail consiste dans l'application que l'on en veut faire. Il faut bien étudier la coupe d'un sphéroïde par un méridien pour un horizon quelconque, & l'on reconnoîtra que si la distance entre l'axe oblique de l'horizon & la verticale devenoit nulle, le sphéroïde reprendroit la forme sphérique, & les espaces projettés s'exprimeroient par les tangentes de la moitié des arcs compris par les rayons visuels ; mais cette distance change la nature des triangles & les rend dissemblables ; d'où l'on voit, comme je l'ai fait remarquer Nº. 14 & 23 , que les parallèles doivent se projetter en ellipses, & que par conséquent la formule de l'auteur de l'écrit, telle générale qu'il la suppose pour s'appliquer à *notre planète* considérée comme *sphère* ou comme *ellipsoïde allongé* ou *applati*, éxige un travail dont le résultat, pour la précision, fait voir qu'on a employé beaucoup de temps assez inutilement.

Pag. 16.

27. Il ne me reste plus qu'à conclure de toutes les observations qui font l'objet de ce mémoire, que l'on ne peut tirer, pour la perfection de la géographie, aucun avantage des projections calculées suivant la figure du sphéroïde applati, & qu'il est bien plus expédient d'employer le développement pour la partie du globe que l'on veut représenter. Le détail dans lequel je suis entré pour la

construction

conſtruction d'une carte à très-grand point, No. 10, &
par lequel il eſt démontré que la différence entre la
ſphéroïdité & la ſphéricité du globe, n'eſt point capable d'altérer aucunement la préciſion que l'on doit éxiger de la part du géographe ; ce détail, dis-je, porte
avec lui une évidence à laquelle on ne peut ſe refuſer. Si
l'auteur de *l'écrit cité*, & *de la carte de la Méditerranée*,
après avoir diſcuté ſous quel rapport il prendroit les
deux axes du globe, ayant adopté celui de 254 à 253,
prétend que l'influence de l'applatiſſement eſt ſenſible
ſur les cartes, & qu'il y a eu égard dans les ſiennes,
n'auroit-elle pas dû ſe trouver encore plus ſenſible, en
adoptant le rapport de 187 à 186, qui eſt plus fort
que le précédent ? L'on a cependant pu remarquer que
cette différence en longitude & en latitude n'étoit point
de nature à altérer la préciſion que la conſtruction des
cartes éxige.

28. Je ne dirai jamais qu'il eſt *dangereux & impoſſible*   Pag. 23.
d'avoir égard à l'applatiſſement de la terre dans la géographie.
Où pourroient ſe trouver ce danger & cette impoſſibilité ?
Cherchons-y l'utilité. L'on doit toujours tendre par le
calcul à la plus grande approximation. Je ne ſoutiendrai
pas qu'il y ait *dans le ſphéroïde des grandeurs rébelles qui ne*
voudroient pas ſe laiſſer meſurer ; tandis que dans la ſphère,   Pag. 23.
des grandeurs analogues, mais dociles, viendroient comme
ſe tracer exactement dans une projection. Mais quand il a
été démontré, No. 10, que ſur une hauteur de 18 pieds
9 pouces, ou de 32400 douzièmes de ligne pour 9 degrés de latitude, il ne faut ajouter que 42 douzièmes de
ligne, ou 42 ſecondes, qui équivalent, No. 10, ſur le
tout à $\frac{42}{144}$, ou preſqu'un tiers ou $\frac{2}{7}$ de lieue, & dans la
diſtribution $\frac{1}{64}$ de ligne par lieue de 25 au degré ; qu'en
réſulte-t-il, ſinon, que pour l'éxactitude de la géographie, il n'importe quelle hypothèſe on veuille ſuivre,
quand on voit que l'erreur ne pourroit ſe faire en plus

E

que d'environ $\frac{1}{400}$, & en moins que $\frac{1}{3600}$ par lieue ? Il feroit bien à fouhaiter que dans l'hypothèfe ordinaire de la fphéricité, on pût dans les calculs ne pas fe tromper davantage en plus ou en moins. Pourroit-on affurer que l'on a évité cette erreur, quand on auroit même tracé cette carte fur le cuivre, pour fe garantir de celles que le calque du deffein pourroit occafionner ? Je crois au contraire, & je fuis même perfuadé, que l'on évitera plus fûrement cette erreur du rétréciffement du papier, en calquant fur le cuivre le deffein que je fuppofe avoir été fait avec toute la précifion poffible, fi l'on a l'attention de frotter avec la dent de loup ou le bruniffoir fur le dos de ce deffein appliqué fur le cuivre enduit de cire; fi l'on frotte, dis-je, dans le fens de la plus grande longueur. Il n'en eft pas en effet de la taille-douce comme de la gravure en bois ou des caractères de librairie; la preffion verticale fuffit pour la dernière, & ne caufe au papier qu'une dilatation générale & de tout fens; au lieu que pour la première, la preffe eft une efpèce de laminoir, qui, preffant fucceffivement fur toutes les parties du papier que l'on fait gliffer entre les deux rouleaux, ne peut qu'allonger la feuille d'un fens, fans augmenter fon étendue de l'autre : d'où il réfulte que jamais cette feuille ne peut, en féchant, fe réduire à la longueur qu'elle avoit primitivement.

Il y auroit un moyen très-fimple d'obvier à tous ces inconvéniens, & de fatisfaire le public, qui ne peut pas, même à l'aide du compas, fe convaincre fi l'on a eu égard à l'applatiffement du fphéroïde. Ce feroit d'indiquer fur la carte la valeur que le degré de latitude & celui du parallèle doivent avoir, fuivant l'hypothèfe que l'on auroit adoptée. L'on feroit prévenu, par exemple, que dans une carte d'Europe de 8 pieds de haut, l'efpace de cinq degrés du 55ᵉ. parallèle de 7 pouces 10 lignes 9 douzièmes, doit être plus fort de $\frac{1}{11}$ de ligne que dans

le sphérique ; ce qui donne $\frac{1}{164}$ de ligne par lieue : de
même qu'il doit y avoir $\frac{1}{3}$ de ligne de plus dans l'espace
du méridien compris entre le 50 & le 55°. degré, lequel
tiers de ligne répandu sur 100 lieues, donne par lieue
$\frac{1}{300}$ de ligne : le tout d'après l'hypothèse de la puissance
$3\frac{1}{2}$.

29. Si l'on suppose donc la terre sphérique, *on ne
court risque*, dit l'auteur que j'ai cité, *de se tromper que
d'une assez petite quantité. Mais il n'est pas moins vrai,*
ajoute-t-il, *que cette petite quantité elle-même peut avoir
des suites fâcheuses ;* quand ce ne seroit sans doute que
cette diminution de 37 toises sur un degré, qui équivalent,
N°. 19, à $\frac{1}{1341}$ par degré, & à $\frac{1}{119}$ de ligne par lieue d'un
pouce : *enforte qu'il n'est point de raisons solides qui puissent autoriser à la négliger.* On auroit tort sûrement de
la négliger dans le calcul : le tout consiste à la faire sentir dans l'emploi physique. Cette erreur est d'une assez
petite quantité. Il faut donc un très-grand travail pour
éviter cette très-petite erreur. Mais ce travail doit se
faire sans *donner*, comme le voudroit cet auteur, *aux
mesures la moindre atteinte possible, comme en faisant des
corrections proportionnelles à l'amplitude des arcs.* Il ne faut
pas se trouver *contraint de diminuer un peu le premier degré
de latitude, & obligé, dans un autre cas au contraire, de
rendre ce premier degré un peu plus grand que les opérations
ne l'ont donné, & par ce moyen augmenter de 7 toises* (ou
de $\frac{1}{8150}$) *le degré du cap.* Ne seroit-ce pas, comme a fait   Pag. 5.
cet auteur, agir contradictoirement, & ajouter gratui-
tement aux travaux des savans géomètres & physiciens
qui, dans cette matière, doivent être nos guides ? A
eux seuls il appartient de corriger leurs opérations &
leurs calculs. *Autant la théorie & les mesures actuelles s'ac-
cordent*, dit M. de la Condamine, *à faire de la terre un
sphéroïde applati vers les poles, autant diffèrent-elles entre
elles sur la quantité de son applatissement. Cette différence*

E ij

varie depuis $\frac{1}{132}$ jufqu'à $\frac{1}{303}$. Il faut convenir que notre globe eft applati vers fes poles ; mais on peut dire avec ce favant académicien, *que les hypothèfes propofées fur la figure de la terre font ou purement géométriques, ou abfolument gratuites, ou font trop de violence aux obfervations en cherchant à les accorder.* Autrement, *c'eft prendre l'effor dans la fphère des probabilités, & foumettre également le réel & l'intelligible aux démonftrations mathématiques.*

M. d'Anville, qui, dans le temps qu'il publia fa propofition fur la figure de la terre en 1735, jouiffoit déja d'une réputation bien méritée par les ouvrages qu'il avoit donnés au public, penfe « que ce ne fera point bleffer ni l'éxactitude requife dans l'étude & dans la compofition de la géographie, ni la confidération due aux auteurs du fphéroïde applati, de dire que la délicateffe de ce fyftême n'a pas dû frapper affez confidérablement les géographes pour les troubler dans leur travail, & les affujettir dans leurs cartes à quelque diftinction de deux différens diamêtres de la terre. Que l'hypothèfe du fphéroïde oblong, en conféquence de l'inégalité des degrés fur le méridien, a fans doute quelque chofe de plus fenfible. Cependant, continue-t-il, fi l'on y prend garde, la plus grande difproportion ou différence dans l'étendue des degrés qui tombe fur les deux extrêmités vers l'équateur d'un côté, & vers un pole de l'autre, ne paroît regarder que des contrées, fur lefquelles une certaine précifion dans les ouvrages de géographie n'eft guères praticable, ni requife, & ne feroit pas trop fenfible. Cette confidération peut mettre une forte d'indifférence dans l'efprit d'un géographe, fur l'inégalité des degrés de latitude & l'hypothèfe qui en réfulte. Il femble qu'il faille quelque chofe de plus confidérable, pour que la géographie s'en apperçoive, & veuille fouffrir du changement ».

Ne cherchons donc point à éblouir les yeux du public par un appareil de calculs, qui, fuppofé qu'on les ait faits, n'ajoutent rien à la précifion graphique. Trop judicieux pour éxiger dans la pratique cette précifion que la théorie nous préfente, & à l'emploi de laquelle nos organes fe refufent, refpectons-le en ne lui préfentant que des ouvrages dont l'utilité fe faffe plus fentir par elle-même, que par des raffinemens qui tiennent trop du minutieux. Il faura toujours avoir égard à nos efforts, & affurer à nos productions l'eftime qu'elles méritent.

F I N.

APPROBATION DU CENSEUR ROYAL.

J'Ai lu, par l'ordre de Monseigneur le Garde des Sceaux, un manuscrit qui a pour titre : *Mémoire sur la question de géographie, si l'applatissement de la terre peut être rendu sensible sur les cartes, & si les géographes peuvent le négliger, sans être taxés d'inexactitude ?* Quoique cette question ne soit point absolument nouvelle, M. de Vaugondy la présente avec des développemens très-palpables, & il la résout d'une manière si satisfaisante, que l'Académie des Sciences, toute intéressée qu'elle y est, a cru devoir lui accorder son suffrage & son approbation. A Paris, ce 17 Septembre 1775.

L'Abbé DE LA CHAPELLE.

PRIVILÉGE DU ROI.

LOUIS, PAR LA GRACE DE DIEU, ROI DE FRANCE ET DE NAVARRE. A nos amés & feaux Conseillers, les Gens tenans nos Cours de Parlement, Maîtres des Requêtes ordinaires de notre Hôtel, Grand Conseil, Prévôt de Paris, Baillifs, Sénéchaux, leurs Lieutenans Civils, & autres nos Justiciers qu'il appartiendra : SALUT, notre amé le Sieur ROBERT DE VAUGONDY, notre Géographe & Censeur Royal, nous a fait exposer qu'il desireroit faire imprimer & donner au public un Ouvrage intitulé : *Mémoire sur une question de Géographie-pratique :* s'il nous plaisoit lui accorder nos Lettres de Permission pour ce nécessaires. A CES CAUSES, voulant favorablement traiter l'Exposant, Nous lui avons permis & permettons par ces Présentes, de faire imprimer ledit Ouvrage autant de fois que bon lui semblera, & de le faire vendre & débiter par tout notre Royaume pendant le tems de trois années consécutives, à compter du jour de la date des Présentes. FAISONS défenses à tous Imprimeurs, Libraires, & autres personnes, de quelque qualité & condition qu'elles soient, d'en introduire d'impression étrangere dans aucun lieu de notre obéissance : A LA CHARGE que ces Présentes seront enregistrées tout au long sur le Registre de la Communauté des Imprimeurs & Libraires de Paris, dans trois mois de la date d'icelles ; que l'impression dudit Ouvrage sera faite dans notre Royaume, & non ailleurs, en bon papier & beaux caracteres ; que l'Impétrant se confor-

mera en tout aux Réglemens de la Librairie , & notamment à celui du 10 Avril
1725 , à peine de déchéance de la préfente Permiffion ; qu'avant de l'expofer
en vente , le Manufcrit qui aura fervi de copie à l'impreffion dudit Ouvrage ,
fera remis dans le même état où l'Approbation y aura été donnée , ès mains de
notre très-cher & féal Chevalier , Garde des Sceaux de France , le fieur HUE
DE MIROMENIL ; qu'il en fera enfuite remis deux Exemplaires dans notre Bi-
bliothéque publique ; un dans celle de notre Château du Louvre , un dans celle de
notre très-cher & féal Chevalier , Chancelier de France , le fieur DE MAUPEOU ,
& un dans celle dudit fieur HUE DE MIROMENIL : le tout à peine de nullité des
Préfentes ; DU CONTENU defquelles vous MANDONS & enjoignons de faire jouir
ledit Expofant & fes ayans caufes , pleinement & paifiblement , fans fouffrir
qu'il leur foit fait aucun trouble ou empêchement. VOULONS qu'à la copie
des Préfentes , qui fera imprimée tout au long , au commencement ou à la fin
dudit Ouvrage , foi foit ajoutée comme à l'original. COMMANDONS au premier
notre Huiffier ou Sergent fur ce requis , de faire pour l'exécution d'icelles ,
tous actes requis & néceffaires , fans demander autre permiffion , & nonobftant
clameur de Haro , Charte normande , & Lettres à ce contraires ; Car tel eft
notre plaifir. DONNÉ à Fontainebleau , le dix-neuvieme jour du mois d'Octobre ,
l'an de grace mil fept cent foixante-quinze , & de notre Regne le deuxième.

PAR LE ROI EN SON CONSEIL.

Signé , LEBEGUE.

*Régiftré fur le Regiftre XX de la Chambre Royale & Syndicale des Libraires
& Imprimeurs de Paris , n°. 328. fol. 35. conformément au Réglement de 1723 ,
qui fait défenfes , article IV , à toutes perfonnes de quelque qualité & condition qu'elles foient , autres que les Libraires & Imprimeurs , de vendre , débiter ,
faire afficher aucuns livres , pour les vendre en leurs noms , foit qu'ils s'en di-
fent les Auteurs , ou autrement , & à la charge de fournir à la fufdite Chambre
huit exemplaires , prefcrits par l'article 108 du même Réglement. A Paris ce 24
Octobre 1775.*

SAILLANT , Syndic.

ERRATA.

PAg. 30 , lig. 23 , 94 $\frac{1}{4}$, *lifez* 94 $\frac{1}{372}$.

lig. 24 , 92 $\frac{1}{2}$, *lif.* 92 $\frac{164}{187}$.

Idem. 1 $\frac{3}{4}$, *lif.* 1 $\frac{1}{8}$.